Made in the USA
Monee, IL
15 April 2022

94817504R00063